Buddhistische Ansichten

Dieter Glogowski · Albrecht Haag

Buddhistische Ansichten

BRUCKMANN

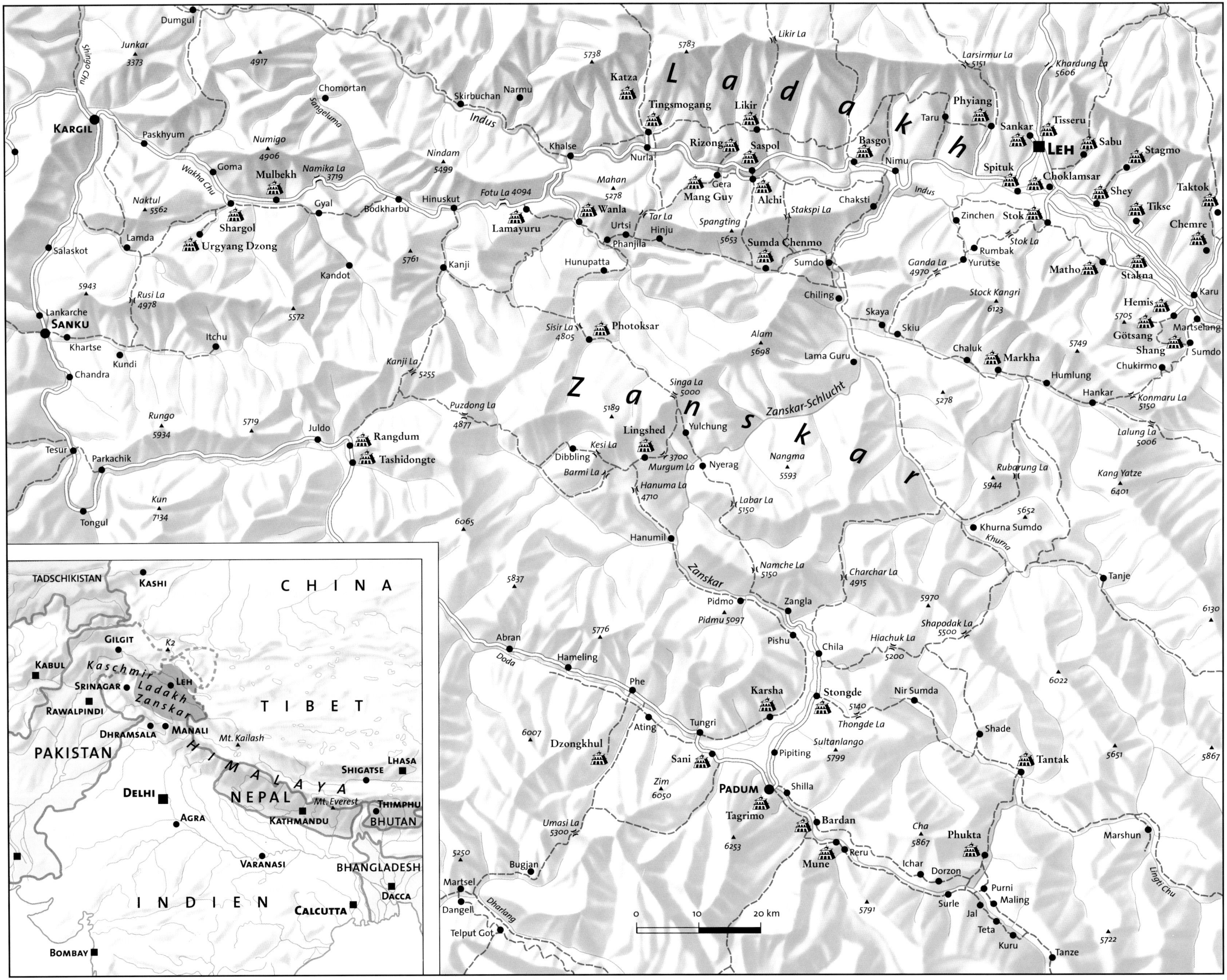

Dumgul
Junkar 3373
Shingo Chu
4917
5738
5783
Likir La
Larsirmur La 5151
Khardung La 5606
Chomortan
Sangeluma
Skirbuchan
Narmu
Katza
Tingsmogang
Likir
L a d a k h
Phyiang
Taru
Sankar
Tisseru
Indus
Kargil
Paskhyum
Numigo 4906
Nindam 5499
Khalse
Nurla
Rizong
Saspol
Basgo
Nimu
Leh
Sabu
Stagmo
Goma
Wakha Chu
Mulbekh
Namika La 3719
Mahan 5278
Gera
Mang Guy
Alchi
Spituk
Choklamsar
Shey
Taktok
Tikse
Naktul 5562
Gyal
Bodkharbu
Hinuskut
Fotu La 4094
Lamayuru
Wanla
Tar La
Stakspi La
Chaksti
Zinchen
Stok
Chemre
Shargol
Urgyang Dzong
Lamda
Salaskot
Urtsi
Phanjila
Hinju
Spangting 5653
Sumda Chenmo
Sumdo
Stok La
Rumbak
Ganda La 4970
Yurutse
Matho
Stakna
5761
Kanji
Kandot
Hunupatta
Chiling
Stock Kangri 6123
Karu
Hemis
5943
Rusi La 4978
Lankarche
Sanku
Khartse
Kundi
Chandra
Itchu
5572
Sisir La 4805
Photoksar
Alam 5698
Skaya
Skiu
5705
Götsang
Martselang
Shang
Sumdo
Kanji La 5255
Lama Guru
Chaluk
Markha
5749
Humlung
Chukirmo
Z a n s k a r
Singa La 5000
Zanskar-Schlucht
5278
Hankar
Konmaru La 5150
Rungo 5934
5719
Juldo
Rangdum
Tashidongte
Puzdong La 4877
5189
Lingshed
Yulchung
Lalung La 5006
Tesur
Parkachik
Kesi La
Dibbling
3700
Murgum La
Nyerag
Nangma 5593
Barmi La
Hanuma La 4710
Rubarung La
5944
Kang Yatze 6401
Kun 7134
Tongul
Labar La 5150
6065
5652
Khurna Sumdo
Khurna
Hanumil
Namche La 5150
Charchar La 4915
Zanskar
Tanje
5837
Pidmo
Zangla
5970
Pidmu 5097
6130
5776
Shapodak La 5500
Abran
Pishu
Hiachuk La 5200
Doda
Hameling
Chila
6022
Phe
Karsha
Stongde
Nir Sumda
5140
Thongde La
Ating
Tungri
6007
Dzongkhul
Shade
Sultanlango 5799
Pipiting
Sani
Tantak
5651
5867
Zim 6050
Padum
Shilla
Tagrimo
Bardan
Umasi La 5300
Cha 5867
Phukta
Marshun
6253
5250
Reru
Mune
Bugjan
Ichar
Dorzon
Lingti Chu
Martsel
Purni
Maling
Dangell
Surle
5791
Dharlang
0
10
20 km
Jal
Teta
Telput Got
Kuru
5722
Tanze
Tadschikistan
Kashi
China
Gilgit
K2
Kabul
Kaschmir
Leh
Ladakh
Srinagar
Zanskar
Rawalpindi
Tibet
Dhramsala
Manali
Mt. Kailash
Pakistan
Himalaya
Lhasa
Shigatse
Delhi
Nepal
Mt. Everest
Thimphu
Kathmandu
Bhutan
Agra
Varanasi
Bhangladesh
Dacca
Indien
Calcutta
Bombay

INHALT

Als Mensch geboren zu sein ist ein seltenes Geschick,
und wir sollten diese kostbare Gelegenheit so weise,
geschickt und heilsam wie möglich nutzen.

Der 14. Dalai Lama

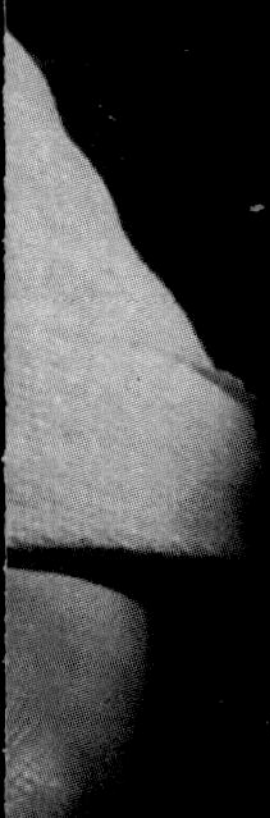

Der Bauer Thundup Dorje, angelehnt an einen alten Gebetszylinder im Klosterhof von Lingshed-Gompa, Winter 1998

Vorwort seiner Heiligkeit des 14. Dalai Lama

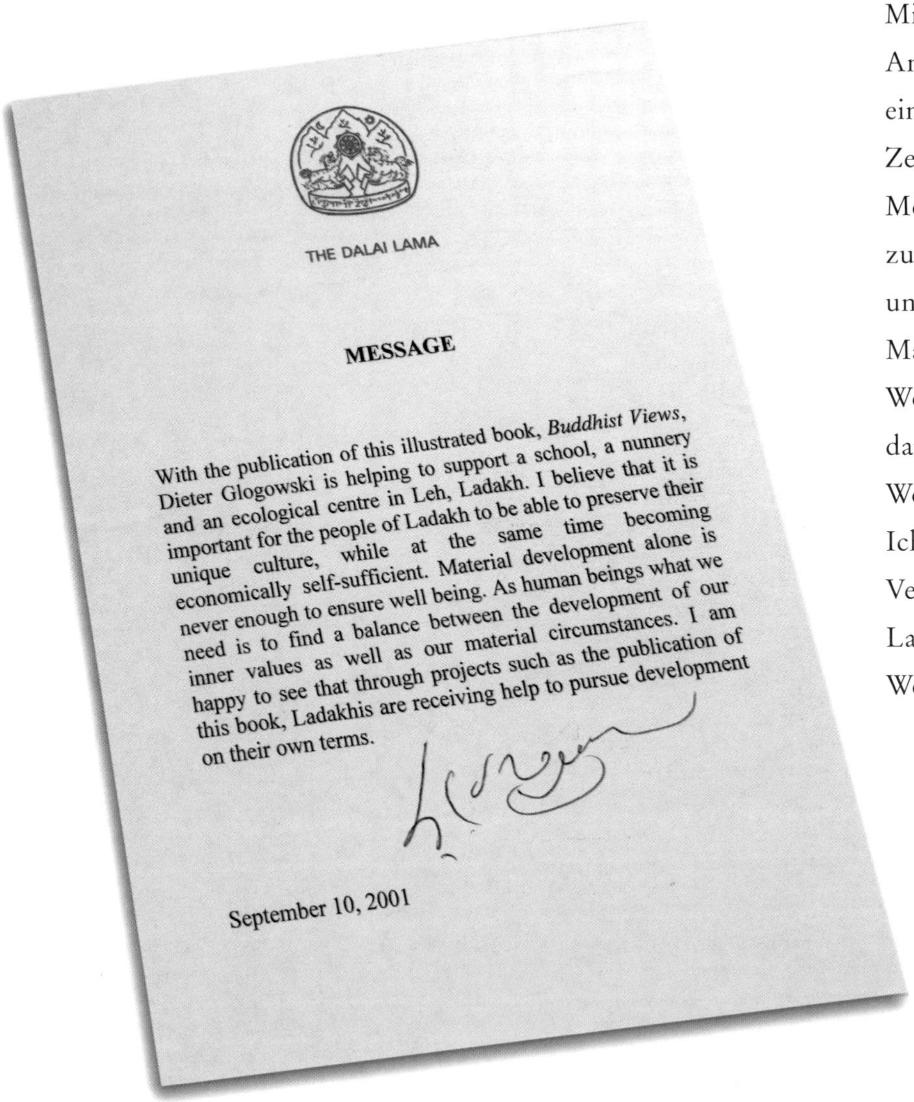

THE DALAI LAMA

MESSAGE

With the publication of this illustrated book, *Buddhist Views*, Dieter Glogowski is helping to support a school, a nunnery and an ecological centre in Leh, Ladakh. I believe that it is important for the people of Ladakh to be able to preserve their unique culture, while at the same time becoming economically self-sufficient. Material development alone is never enough to ensure well being. As human beings what we need is to find a balance between the development of our inner values as well as our material circumstances. I am happy to see that through projects such as the publication of this book, Ladakhis are receiving help to pursue development on their own terms.

September 10, 2001

Mit der Publikation dieses Bildbandes »Buddhistische Ansichten« hilft Dieter Glogowski bei der Unterstützung einer Schule, eines Nonnenklosters und eines ökologischen Zentrums in Leh, Ladakh. Ich glaube, dass es für die Menschen in Ladakh wichtig ist, ihre einzigartige Kultur zu erhalten, während sie zur selben Zeit ökonomisch unabhängig werden.

Materielle Entwicklung alleine ist niemals genug, um das Wohlergehen zu sichern. Als menschliche Wesen müssen wir das Gleichgewicht zwischen der Entwicklung unserer inneren Werte und unserer materiellen Lebensumstände finden.

Ich freue mich zu sehen, dass durch solche Projekte wie die Veröffentlichung dieses Bildbandes die Menschen von Ladakh Hilfe bekommen, die Entwicklung auf ihre eigene Weise zu meistern.

Der 14. Dalai Lama

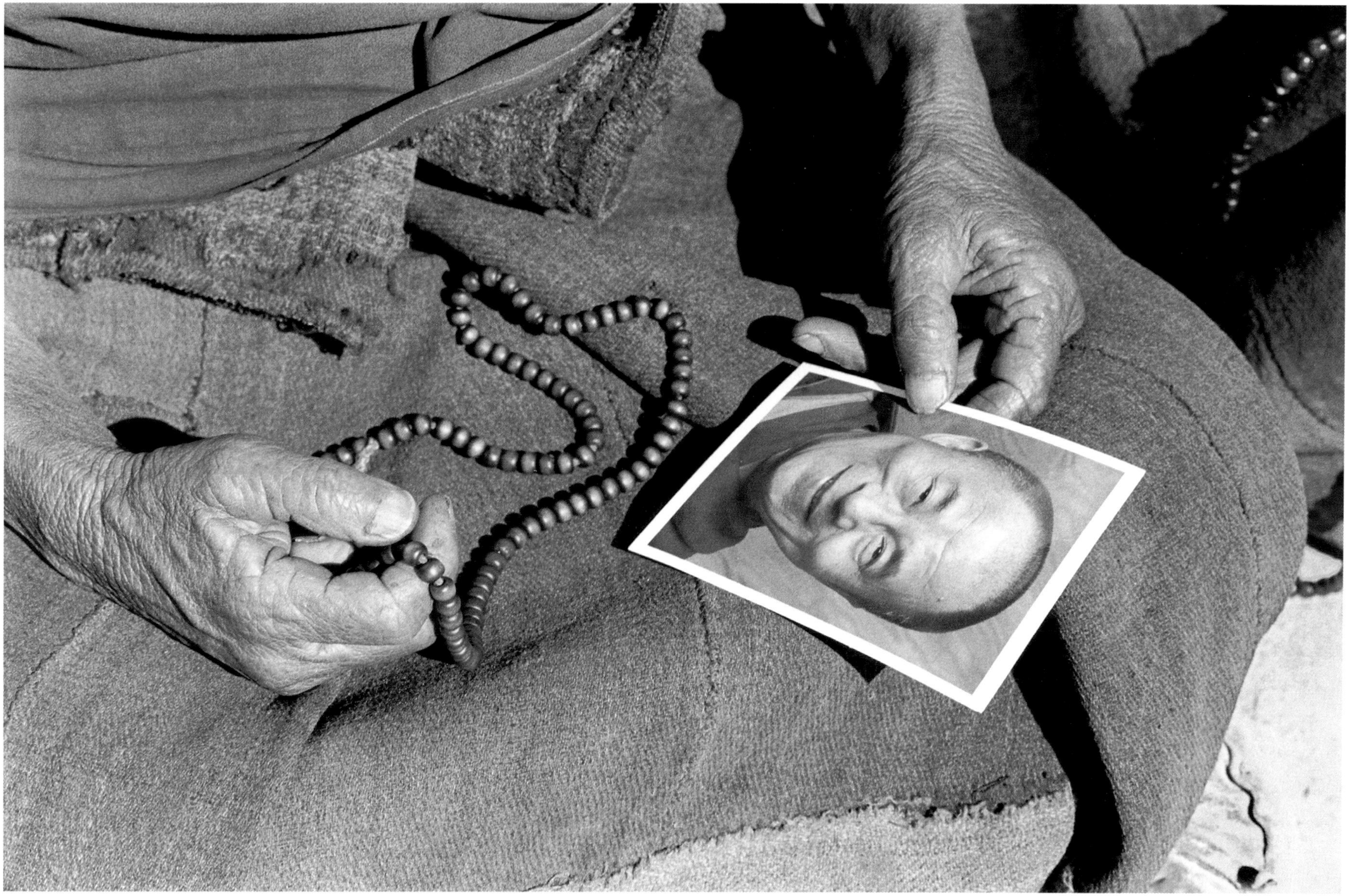

»Remember to Remember«

Laut kracht das Getriebe, der Motor stöhnt, der Auspuff spuckt pechschwarzen Qualm. Norbu lacht. Mit aller Kraft dreht er am Lenkrad, endlos ziehen sich die Serpentinen. »Tserka macho na gadi sulte lo sum song – drei Jahre fahre ich schon diese Strecke. Keine Sorge!« Tief unter uns schlängelt sich der Indus, eine Handflächenbreite trennt die Reifen vom Abgrund. Der klapprige Bus ist vollgestopft, eine ethnische Vielfalt der Menschen des Industals: ladakhische Frauen, zanskarische Bauern, indische Soldaten, kaschmirische Händler, Nonnen, Mönche, Kinder. In den Gängen stapeln sich Vorratssäcke. Eine Ziege legt schmatzend ihren Kopf auf meine Oberschenkel. Ich hoffe, dass ihr die Kurven nicht allzu sehr auf den Magen schlagen.

»Life is precious, drive slow – das Leben ist wertvoll, fahre langsam!« lese ich beim Vorbeirauschen auf einer Felswand, »Better late than dead!« folgt ein paar Meter weiter.

Die Straße bietet gerade mal Platz für ein einziges Fahrzeug. »Yes, Indian people know how to build Himalaya roads!« beruhigt mich mein übergewichtiger indischer Nachbar. Der Blick fällt auf ein Autowrack unter uns im Tal. »My name is Bova Shavi, I am from Kulu«. Mit diesen Worten hatte er sich zwischen Albrecht und mich gequetscht. Die Erkenntnis, dass eine Bussitzbank für drei Personen gedacht ist, war in der Tat ein wenig schmerzhaft. Um der musikalischen Unterhaltung aus gänzlich überforderten Lautsprechern zu entkommen, werden unsere Kaugummis kurzerhand zu Ohrstöpseln umfunktioniert. Norbu signalisiert: noch fünf Stunden bis Leh! Bus fahren in Indien: ein Erlebnis der vierten Dimension. Blick aus dem Fenster. Die karge Hochwüste von Ladakh zeigt ihren Charme. Sonne und Wolken treiben ihr wechselhaftes Spiel mit Licht und Schatten. Weiß funkeln Chörten in der Landschaft, Gebetsfahnen flattern im Wind.
Träume fangen mich ein.

Chörtenlandschaft vor Zanskar-Gebirge, Sommer 1994

Vor 15 Jahren reiste ich zum ersten Mal nach Ladakh. Auf alten Karawanenwegen durchquerte ich das Land der hohen Pässe, kam in Berührung mit dem Kloster Lingshed. Sechs Tagesmärsche von jeder Straße entfernt, liegt es verborgen in 4000 Meter Höhe zwischen Ladakh und Zanskar. Ein mystischer Ort der Einsamkeit und Stille, fast unwahr in seiner Ausstrahlung. Lingshed zog mich in seinen Bann.

Sommer 1993, es war eine Begegnung besonderer Art: Die Luft war klar, der Himmel wolkenlos, als ich in der Abenddämmerung den Hanumala-Pass überquerte. Lingshed lag unterhalb im Tal, der Abstieg vom Pass-Chörten war mir mittlerweile vertraut. Über dem alten Kloster stand der Mond, Kerzenlicht flackerte in den Fenstern der Klausen. Neben dem Durchgangschörten richtete ich mein Biwak ein. Am nächsten Morgen stand er plötzlich neben mir: »Jülley, my name is Geshe Lama Ngawang Chanchup, how are you?« Ich blinzelte aus dem Schlafsack heraus, vor mir ein kräftig gebauter Mönch. Sein Lächeln war von unbeschreiblicher Güte, ein Gefühl von Vertrautheit. »You like to have tea in my room?« Das war der Beginn einer tiefen Freundschaft, die mein Leben verändern sollte.

Ein Ruck fährt durch meinen Körper, kreischende Bremsen, Staub umhüllt den Bus. Gegenverkehr – ein Militärkonvoi! Kaum vorstellbar, wenn man die Straßenbreite bedenkt. Tief unter uns die Zanskarmündung. Norbu steuert den Bus an den äußersten Rand, schaltet die Musik ab – es scheint ernst zu werden. Leises Murmeln im Bus: »Om mani padme hum, om mani padme hum …«, das Mantra des Avalokiteshvara, des Buddhas des Mitgefühls . Auch auf der Stirn meines indischen Nachbarn bildet sich Angstschweiß. Was würde er wohl im Augenblick dafür geben, wenn »India's best road builders« hier die Straße einen Meter breiter gebaut hätten? Norbu ist zum ersten Mal angespannt. Ein Teil des hinteren Doppelreifens ragt schon in den Abgrund. Mehr geht nicht! Langsam und behäbig zwängen sich die Armeefahrzeuge an uns vorbei, manche streifen bedrohlich unsere ohnehin schon zerbeulte Karosserie. Die Zeit scheint still zu stehen. Das Murmeln der Mantras wird lauter. Ich zähle 17 Fahrzeuge! Dann endlich, geschafft! »Life is suffering«, ruft mir Norbu zu, schiebt die Musikkassette wieder ein und den ersten Gang dazu. Wie wahr: Leben ist Leiden. Noch drei Stunden bis Leh. Milde lächelt der Dalai Lama mir entgegen. Norbu hatte die Postkarte über dem Fahrersitz angebracht.

Geshe Lama Ngawang Chanchup und der Novize Stenzing vor dem Kloster Lingshed, Herbst 2001

Wir passieren eine kleine Ortschaft. Ein Hotelschild mit der Aufschrift: »e-mail, continental food, hot water running 24 hours«. Der Bus stoppt – 15 Minuten Teepause. Ich finde ein passendes Zitat des Dalai Lama in meinem Notizbuch: »Traditionelle und ländliche Gesellschaften mögen zwar sehr anziehend erscheinen, doch darf man die Menschen dort von den Segnungen der modernen Entwicklung auch nicht ausschließen. Doch sollte dieses Lernen und solche Entwicklung nicht nur in eine Richtung gehen. Bei den Menschen, die in traditionellen Gesellschaften leben wie die Ladakhis, gibt es oft eine innere Entwicklung, die sich auszeichnet durch Herzenswärme und Zufriedenheit. Wir täten gut daran, es ihnen gleichzutun.«
»Acho, Chai?« Norbu steht fragend vor mir. »Ja«, gebe ich zurück, »gerne trinke ich einen Tee.«

Wir hatten uns damals lange unterhalten, Geshe Lama Ngawang Chanchup und ich. Wir sprachen über tibetischen Buddhismus, das spirituelle Leben im Tal von Lingshed, aber auch über die Veränderungen in Ladakh. Geshe-la entstammt einer armen Bauernfamilie aus Lingshed. Mit 13 Jahren trat er ins Kloster ein, war voller Wissensdrang. Schon fünf Jahre später führte ihn sein Weg in das tibetische Exilkloster Drepung in Südindien. Dort studierte er 25 Jahre lang buddhistische Philosophie, legte in Anwesenheit des 14. Dalai Lama und vor 10 000 Mönchen die hohe Prüfung für den Geshe-Titel ab. Seit 1992 kehrt Geshe-la regelmäßig jeden Sommer für drei Monate nach Lingshed zurück. Im Jahr 1993 gründete er die »Welfare and Social Society of Lingshed«, unterstützt seitdem den Bau von Schulen, fördert die tibetische Medizin der ortsansässigen Amchis und verwirklichte eine Vision: den Bau des Nonnenklosters in Lingshed.

Schrill ertönt die Hupe – Ende der Teepause! Welch eine Religionsvielfalt in unserem Bus: moslemische Kaschmiris, buddhistische Ladakhis, hinduistische Inder. In Leh befindet sich sogar eine christliche Herrenhutergemeinde.
Wie schrieb einst Gandhi in seiner Gefängniszelle: »Nachdem ich die wichtigsten Religionen, soweit es mir möglich war, studiert hatte, kam mir der Gedanke, es müsse einen Hauptschlüssel geben, der die allen Religionen zugrunde liegende Einheit erschließen könnte, sofern es sinnvoll und notwendig ist, eine Gemeinsamkeit zu entdecken. Dieser Schlüssel ist Wahrheit und Gewaltlosigkeit.«

Schnaufend erklimmt unser Bus den letzten Berg. Vor uns die Talebene von Leh. Links im Seitental glänzt das Kloster Phiyang. Langsam versinkt die Sonne hinter den Eisgipfeln des Transhimalaya. Mein indischer Nachbar schnarcht mir genüsslich ins Ohr, die Ziege ist bis zum Hals unter meiner Jacke verschwunden. Leh ist zum Greifen nah. Rechts auf einem Hügel erkenne ich das Kloster Spituk, umgeben von Kasernen der indischen Armee. Deutlicher könnte der Gegensatz von Mitgefühl und Gewalt nicht sein. Der Dalai Lama lacht noch immer aus der Fahrerkanzel, voller Wärme und Liebe – sein Humor ist unwiderstehlich. Wie überzeugend sprach er damals, im Herbst 1998, in Bonn: »Es wird immer dringlicher, dass wir das geistige und spirituelle Leben als die eigentliche stabile Grundlage für das Erlangen von wahrhaftem Glück und Frieden anerkennen«.

1998 war für mich ein prägendes Jahr, ganz im Zeichen von Ladakh und tibetischem Buddhismus. Im Auftrag des Hessen Fernsehens drehten wir zwei Dokumentarfilme über Zanskar und Ladakh. Es folgten Geshe-las zweiter Besuch in Deutschland und meine Fotoausstellung über das Leben der Menschen im Tal von Lingshed. Das Besondere: Die Fotos standen in kontemplativem Dialog mit spirituellen Zitaten.

Die Idee für das Buch »Buddhistische Ansichten« nahm Gestalt an. Aber worin unterscheiden sich buddhistische Ansichten von anderen? Sogyal Rinpoche, ein Meister der Nyingma-Tradition, pflegt zu scherzen: Jesus traf auf Buddha, und Jesus fragte: »Was trennt uns eigentlich voneinander?« Buddha antwortete: »Unsere Fans.«

Der Dalai Lama nennt es Mitgefühl, Gandhi spricht von Wahrheit und Gewaltlosigkeit, Jesus von Nächstenliebe. Viele Jahre lang sammelte ich Zitate großer Bodhisattvas für dieses Buch. Zu ihnen zähle ich den 14. Dalai Lama genauso wie Thomas Merton, Thich Nhat Hanh, Hildegard von Bingen, Meister Eckhart, Rainer Maria Rilke, Mutter Teresa, Albert Einstein, Bhagwan Shree Rajneesh. Es sind Zitate über Mitgefühl, Liebe, Meditation, Tod, Verblendung, Hass und Gier. Zitate, die Klarheit bringen – Wegweiser zum inneren Frieden. Zitate, die helfen, das Wesentliche nicht wieder zu vergessen: »Remember to remember that you remember« (Sogyal Rinpoche, Kircheim, 1996).

Dieter Glogowski, Leh, April 2002

Eingebettet im Industal liegt die Hauptstadt Leh mit ihrem Königspalast auf 3450 Meter Höhe, Frühjahr 2002

Chörten und Gebetsfahnen prägen die Landschaften im Himalaya, Frühjahr 2002

Chörten-Landschaft bei Shey-Gompa, Frühjahr 2002

BUDDHISMUS IN LADAKH

Selbst wenn Tsewang, ein Mönch des Klosters Lingshed, den fünftägigen Fußmarsch bis nach Leh vor sich hat, macht er trotzdem viele kleine Umwege. Jeden Chörten, den er passiert, gilt es nach buddhistischem Brauch auf der linken Seite zu umgehen. Und – Ladakh ist übersät von Chörten, den heiligen Reliquienschreinen des Buddhismus.

Spiritueller Alltag

Dabei spielt das Tragen der tiefroten Mönchsrobe keine Rolle. Jeder religiöse Ladakhi – und das sind an die 90 Prozent der Gesamtbevölkerung – verhält sich nicht nur beim Thema Chörten wie Tsewang. Spiritualität, religiöses Ritual und Alltag sind in Ladakh untrennbar miteinander verwoben, und genau diese Verbindung reflektiert Leben und Seele des Volkes. Überall, ob in Dörfern oder menschenleeren Tälern, sind Zeichen und Monumente einer tief verwurzelten Lebensphilosophie anzutreffen. Kein Tag vergeht, an dem nicht das Echo des Mantras »Om mani padme hum« in den Bergen widerhallt, tausende von Gebetsmühlen rattern und Menschen mit lachenden Gesichtern einander wirklich begegnen.

Das war nicht immer so

Die buddhistische Denkweise verbreitete sich weder über Nacht, noch als statische Lehre. Vielmehr durchlief sie im Lauf der Zeit verschiedene Verbreitungswellen, unterlag zahlreichen Modifizierungen und erreichte in jüngerer Vergangenheit schließlich auch die westliche Welt.

Erste Verbreitungswelle

Dass diese philosophische Strömung schon im dritten vorchristlichen Jahrhundert, 200 Jahre nach dem Tod des historischen Buddha Shakyamuni, Ladakh erreichte, ist dem damaligen indischen Kaiser Ashoka zu verdanken. In seinem grenzenlosen Enthusiasmus für die buddhistische Lehre sandte er Gelehrte in

Ein Mönch auf dem Weg zum Kloster Lingshed, Herbst 2001

alle vier Himmelsrichtungen seines Reiches aus, um das Weltverständnis Buddhas verkünden zu lassen.
Von buddhistischen Seminaren in Kaschmir ausgehend, verbreitete sich die Lehre nach und nach in der Himalayaregion Ladakh, dem Land der hohen Pässe, das heute zur nördlichsten Provinz Indiens Jammu und Kaschmir gehört.

Die Konfrontation mit dem Bön

Dort traf die Lehre auf den Bön-Glauben, eine stark von animistischen und magischen Elementen geprägte Volksreligion. Die Menschen sahen die Natur von Göttern und Dämonen beseelt, deren Beeinflussung allein in der Macht der Bönpo, einer Art Schamanen, lag. Dass die Konfrontation mit diesem Geisterglauben schließlich während des achten Jahrhunderts zur Integration von Elementen des Bön in den Buddhismus führte, sei, so zumindest die Legende, der Verdienst des großen Tantrikers Padmasambhava aus dem nordwestindischen Udyana. Ihm allein wurde die Fähigkeit zugeschrieben, in einer seiner acht unterschiedlichen, zum Teil höchst Furcht erregenden Erscheinungsformen den Animismus mit Magie zu hemmen. Kein Wunder demnach, dass in Ladakh heute noch Fußabdrücke mit der beachtlichen Länge von über einem Meter als die seinen verehrt werden.

Das Gelugpa-Kloster Tikse im Industal, Frühjahr 2002

Zweite Verbreitungswelle

Mit Padmasambhava erlebte der Buddhismus nicht nur in Ladakh seinen endgültigen Durchbruch, sondern gelangte auch nach Tibet; in ein Land, das über tausend Jahre nach Buddha Shakyamunis Wirken noch immer ein weißer Fleck auf der buddhistischen Landkarte war. Mit zunehmendem Einfluss des Islam in Kaschmir verloren die dortigen Lehranstalten ihre Bedeutung. Tibet wurde das Zentrum der buddhistischen Philosophie, und der Blick Ladakhs richtete sich nunmehr gen Osten. Nicht nur die Handelswege durch den Himalaya förderten den geistigen Austausch zwischen beiden Regionen; viele ladakhische Mönche lebten in tibetischen Klöstern, sodass das spirituelle Leben im Land der hohen Pässe über viele Jahrhunderte von Tibet aus geprägt wurde.

Die Zweige des Buddhismus

Die Philosophie spaltete sich mit der Zeit in drei Richtungen auf, wobei sich neben dem Hinayana (kleines Fahrzeug) und dem Mahayana (großes Fahrzeug) in den Himalayaregionen vor allem das Vajrayana (Diamantfahrzeug) etablierte. Praktiken und Aspekte der einzelnen Strömungen unterscheiden sich zwar, doch der Inhalt, wie Buddha

Shakyamuni ihn formulierte, ist allen gemein: »Über das Leiden und seine Ursachen lehre ich, über den Weg heraus aus dem Leiden und über das Ziel, der zyklischen Existenz von Tod und Wiedergeburt zu entrinnen, den Eingang ins Nirwana.«

Die Vier Edlen Wahrheiten und der Achtfache Pfad

Nach seiner Erleuchtung offenbarte Buddha Shakyamuni die Vier Edlen Wahrheiten, um den Ausweg aus der leidvollen menschlichen Existenz zu zeigen. Die erste dieser Wahrheiten ist, dass das Leben für Körper und Geist Leiden bedeutet. Die zweite Wahrheit ist, dass Gefühle wie Verlangen und Wünschen, Ablehnung und Hass den Menschen beherrschen, sodass er die wahre Natur der Wirklichkeit nicht erkennen kann. Die dritte Wahrheit ist, dass es einen Weg gibt, diese Geistesgifte zu besiegen, denn die vierte Wahrheit besagt, dass mit Hilfe des Achtfachen Pfades die Fesseln an die unzulängliche Welt durchtrennt werden können. Die acht Bestandteile des Auswegs lassen sich in drei Kategorien unterteilen: Weisheit, Moral und Meditation. Weisheit bedeutet, richtige Ansichten und Absichten zu haben. Moral ist Aufrichtigkeit in Rede, Handlung, Lebensführung und Streben. Meditation meint Achtsamkeit und Konzentration.

Hinayana, Mahayana und Vajrayana

Der Kerngedanke aller drei Fahrzeuge ist die Befreiung aus dem Daseinskreislauf. Dabei liegt dem Hinayana Gewaltlosigkeit zugrunde; das Vermeiden, anderen zu schaden. Das Mahayana geht einen Schritt weiter, indem es das Mitgefühl mit allen Geschöpfen betont. Das Ideal dieses Mitgefühls sind Bodhisattvas. Sie folgen dem Achtfachen Pfad, verlassen den Kreislauf von Tod und Wiedergeburt und kehren in einer neuen Erscheinungsform zurück, um auch für andere den Weg zur Befreiung zu bereiten. Kriterium bei beiden Methoden ist die ständige Ansammlung karmischer Verdienste durch positive Handlungen im Laufe vieler Existenzen. Das Vajrayana als esoterische und tantrische Form des Buddhismus bietet zudem einen Weg, der innerhalb eines Lebens zur Erleuchtung führen kann. Einerseits effektive, andererseits durchaus risikoreiche und nicht für alle Menschen geeignete Rituale, Praktiken und Tantras gelten als Geheimlehre, die sich bestimmter Codes bedient. Nur dem von einem Meister Eingeweihten sind sie zugänglich. Nicht nur im Vajrayana, sondern auch im Mahayana spielen die Prinzipien von Methode und Weisheit eine entscheidende Rolle: die Praxis des tätigen Mitgefühls und die direkte Einsicht in die wahre Natur der Realität.

Lachen – ein Spiegel der Seele. Der Mönch Norbu Tashi im Klosterhof von Stongde, Zanskar, Sommer 1996

Alle drei Strömungen beruhen auf dem Gedanken der Liebe und des Mitgefühls, und so gilt im Pantheon des Buddhismus der barmherzig herabschauende Avalokiteshvara als eine der leuchtendsten Figuren, denn er verkörpert Mitleid und Güte.

Die Schulen im tibetischen Buddhismus

Der tibetische Buddhismus hat vier Richtungen hervorgebracht, die sich in Ausübung der Rituale, Kommentaren zu den Schriften und Bevorzugung bestimmter Meditationsgottheiten unterscheiden: Nyingma, Kagyü, Sakya und Gelug. Die Nyingmapa stellen die älteste Schule, die direkt auf ihren Gründer Padmasambhava zurückgeht. Bis heute haben die Mönche dieses Ordens die okkulten und magischen Praktiken ihres tantrischen Meisters bewahrt. Das einzige Nyingmapa-Kloster in Ladakh ist Trakthok im Dorf Sakti, wo sich Padmasambhava einige Zeit aufgehalten haben soll. Die Kagyüpa, die Rotmützen, haben sich zwar in verschiedene Zweige getrennt, alle gehen aber auf den Übersetzer Marpa zurück. Marpas Schüler Milarepa, dessen »Hunderttausend Gesänge« zu den bedeutendsten Werken spiritueller Weltliteratur zählen, wird in Tibet als Nationalheiliger verehrt.

Die Sakya-Schule war die erste , in der Lamas sowohl geistliche als auch weltliche Macht ausgeübt haben. Die Mönche von Matho, dem einzigen Sakyapa-Kloster in Ladakh, gelten als die begabtesten Orakel des Landes. Die Gelugpa oder auch Gelbmützen sind in Ladakh die am weitesten verbreitete Schule. Bis zum Einmarsch der Chinesen im Herbst 1951 war sie die einflussreichste Institution in Tibet, deren Oberhaupt, der Dalai Lama, zugleich weltliche und geistliche Macht repräsentierte. Auch Lingshed, das Heimatkloster Tsewangs in Ladakh, gehört dem Orden der Gelugpa an.

Die Sinisierungspolitik Chinas in Tibet

Die chinesische Invasion in das Tibet der 1950er-Jahre hatte weit reichende Folgen für die Kultur und Religion des Landes, denn die Chinesen waren gekommen, um für immer zu bleiben. Radio Beijing sprach von der »Befreiung« Tibets, das als friedliebende Nation denkbar schlecht auf den Einmarsch der »Volksbefreiungsarmee« vorbereitet war.
Nach gescheiterten Verhandlungen flüchtete der 14. Dalai Lama 1959 ins Exil nach Indien. In kurzer Zeit folgten ihm an die 17 000 Tibeter (bis heute sind es mehr als 100 000). China schloss die Grenzen und beendete damit jeden weiteren spirituellen Austausch zwischen Tibet und Ladakh.

Steinrelief der fünf Dhyani-Buddhas im Tal von Padum, Zanskar, Sommer 1998

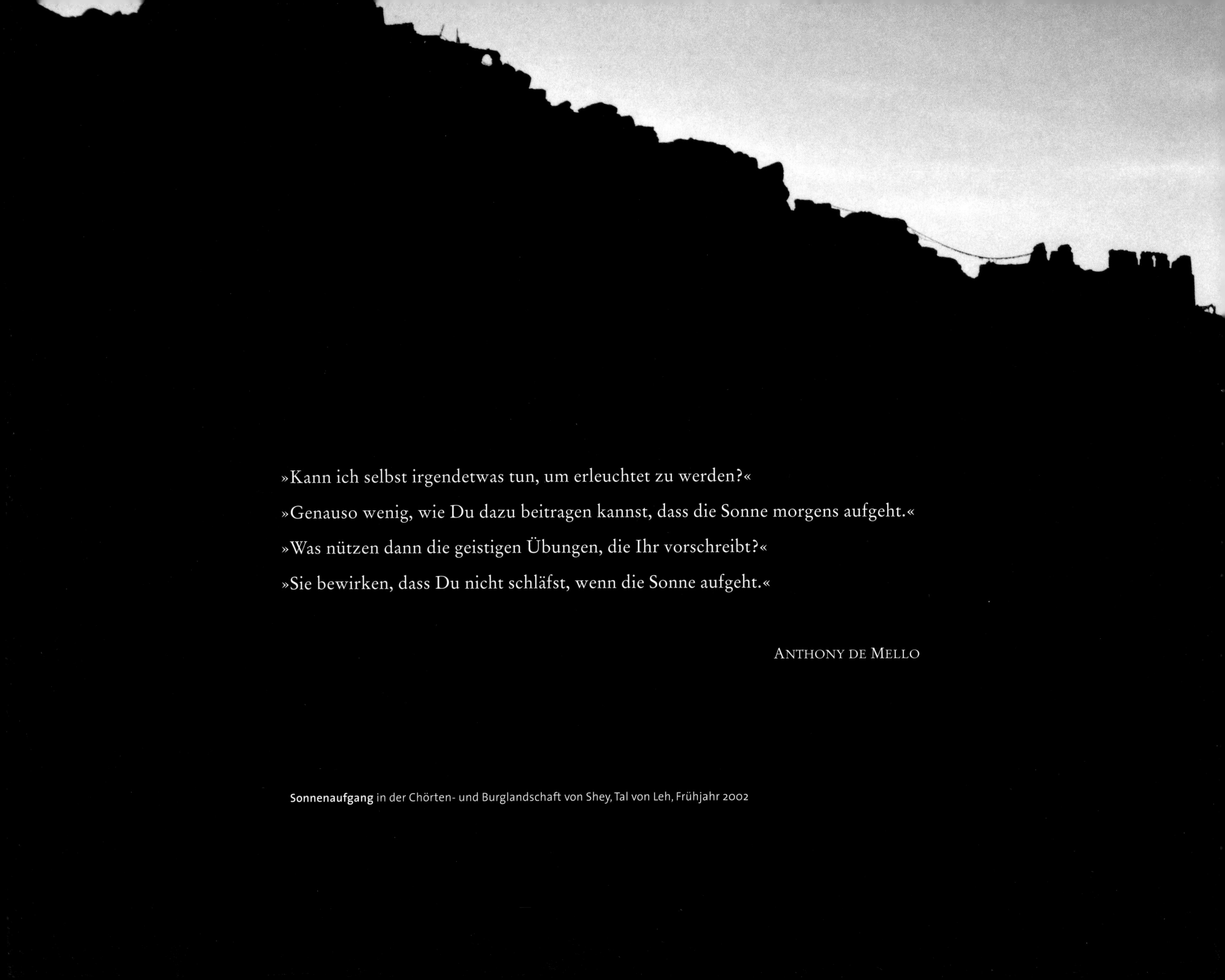

»Kann ich selbst irgendetwas tun, um erleuchtet zu werden?«

»Genauso wenig, wie Du dazu beitragen kannst, dass die Sonne morgens aufgeht.«

»Was nützen dann die geistigen Übungen, die Ihr vorschreibt?«

»Sie bewirken, dass Du nicht schläfst, wenn die Sonne aufgeht.«

Anthony de Mello

Sonnenaufgang in der Chörten- und Burglandschaft von Shey, Tal von Leh, Frühjahr 2002

Wenn sehr viel mehr Menschen die Natur ihres Geistes kennen würden,
wäre ihnen auch die wunderbare Natur der Welt bewusst, in der sie leben,
und sie würden mutig und bestimmt für ihren Schutz eintreten.
Es ist interessant, dass der tibetische Ausdruck für »Buddhist« nangpa lautet.
Das bedeutet: jemand mit Ein-Sicht, jemand mit Innenschau, jemand, der die
Wahrheit nicht außen sucht, sondern in sich, in der Natur des Geistes.
Alle Lehren und Übungen des Buddhismus zielen auf diesen einen Punkt:
in die Natur des Geistes zu blicken und dadurch die Angst vor dem Tod zu
überwinden und die Wahrheit des Lebens zu entdecken.

SOGYAL RINPOCHE

Der Mönch Tsewang Jorges bei der Morgenmeditation, Shey, Frühjahr 2002

Als mein Gebet immer andächtiger und innerlicher wurde,
da hatte ich immer weniger und weniger zu sagen.
Zuletzt wurde ich ganz still.
Ich wurde, was womöglich noch ein größerer Gegensatz zum Reden ist,
ich wurde ein Hörer.
Ich meinte erst, Beten sei Reden.
Ich lernte aber, dass Beten nicht bloß Schweigen ist,
sondern hören.
So ist es: Beten heißt nicht, sich selbst reden hören.
Beten heißt still werden
und still sein und warten,
bis der Betende Gott hört.

Søren Kierkegaard

Novizen des Klosters Rizong mit ihrem Lehrer Karma Lobsang, Industal, Frühjahr 2002

Liebe ist eine zu allen Zeiten reife Frucht.
Und in der Reichweite jeder Hand.

MUTTER TERESA

Die Nonnen Tashi Mothup und Dolma Tsewa vom Kloster Ani Rizong im Industal bei Leh, Frühjahr 2002

Wir sollten die Meditation sanft, aber stetig üben,
im gesamten Alltag, und uns keine Gelegenheit,
kein Ereignis entgehen lassen, um tief in die wahre Natur des Lebens zu blicken,
zu dem auch unsere tagtäglichen Probleme gehören.
Wenn wir so üben, bleiben wir mit dem Leben in enger, tiefer Verbindung.

THICH NHAT HANH

Der Mönch Jamyang Lhundup bläst das Muschelhorn zur Puja, Kloster Matho im Tal von Leh, Frühjahr 2002

In der steinigen Einöde zwischen den Bergen kannst Du einen eigenartigen Markt finden:
Du kannst dort den Wirbel des Lebens gegen grenzenlose Seligkeit eintauschen.

MILAREPA

Der Mönch Tsewang in meditativer Zurückgezogenheit an den Mantra-Felsen bei Shey, Tal von Leh, Frühjahr 2002

Wenn ich prophetisch reden könnte
und wüsste alle Geheimnisse
und alle Erkenntnis und hätte allen Glauben,
sodass ich Berge versetzen könnte,
und hätte die Liebe nicht, so wäre ich nichts.
Und wenn ich alle meine Habe den Armen gäbe
und ließe meinen Leib verbrennen
und hätte die Liebe nicht,
so wäre mir's nicht nütze.

KORINTHER 13, 2 UND 3

Novizen vor der großen Maitreya-Statue im Kloster Likir, Industal bei Leh, Frühjahr 2002

Wo Vertrauen ist, dort ist Liebe.
Wo Liebe ist, dort ist Frieden.
Wo Frieden ist, dort ist Wahrheit.
Wo Wahrheit ist, dort ist Glückseligkeit.
Wo Glückseligkeit ist, dort ist Gott.

SAI BABA

Der Novize Tashi Namgyal vom Kloster Phiyang im Tal von Leh, Frühjahr 2002

Vom Industal nach Lingshed

Bedrohlich schaben die Packsäcke an der Felswand. Die Pferde tasten sich langsam vorwärts. Aufwändig ist der Weg ins Gestein geschlagen worden, abgebrochene Stellen wurden mit Baumstämmen und Steinen ausgebessert. Die Rufe der Pferdetreiber schallen in der Hanupatta-Schlucht. Gnadenlos brennt die Sonne. »Nyima nyiss Sengge-la«, ruft mir Tashi, unser Pferdemann, entgegen. Ich nicke ihm stumm zu, schnappe nach Luft und konzentriere mich auf den Weg.
In zwei Tagen werden wir den 5000 Meter hohen Sengge-Pass überschreiten. Lingshed liegt noch vier Tage Fußmarsch entfernt, sechs Pässe gilt es noch zu überqueren. Kein Wunder, denn das Wort »Ladakh« übersetzt heißt »la« der Pass und »dakhe« das Land: also das »Land der hohen Pässe«.

Müde erreichen wir den Lagerplatz hinter Hanupatta. Packpferde absatteln, Wasser holen, Feuerstelle einrichten. Die Nacht ist klar, Sternschnuppen entlocken uns Wünsche.

Tief vergrabe ich mich in meinen Schlafsack. »Glück ist kein Ort, es ist ein Weg«, lächelt milde der alte Bauer Thundup Dorje in meiner Seele. Wie mag es ihm gehen? Die Winter sind bitterkalt in Zanskar – das Leben entbehrungsreich. Trotzdem hat ihn sein Humor nie verlassen, tiefe Lachfalten prägen sein Gesicht. Seine Güte und Zufriedenheit haben mich immer genauso fasziniert wie die wunderschönen Sonnenblumen in seinem Garten.

Tage später überqueren wir den letzten Pass. Lingshed liegt unter uns. Welch eine atemberaubende Landschaft: grüne Gerstenfelder, verstreute Häuser, beschützt gehalten von den kargen Gebirgsketten des Transhimalaya.
Lachend kommen uns Novizen entgegen, Mönche stellen sich vor der Gompa auf, halten Kataks, den tibetischen Begrüßungsschal, in den Händen.
Ich erkenne die leuchtenden Augen von Sonam Dorje.

In der Hanupatta-Schlucht zwischen Wangla und Photoksar, Herbst 2001

Ganz gleich, wie viele heilige Worte Du liest,
ganz gleich, wie viele Du sprichst –
was für einen Wert haben sie für Dich,
wenn Du nicht nach ihnen handelst?

DHAMMAPADA

»Om mani padme hum«, Manisteine auf dem Löwen-Pass (Sengge-la), Frühjahr 2002

Lerne, den Augenblick zu ergreifen! Schleiche Dich nicht davon,
fliehe nicht in die Wahngebilde der Vergangenheit oder der Zukunft.
Sammle Deinen Geist dort, wo Du bist, mit einem für den Augenblick
geschärften Bewusstsein.
Dort ist es, wo wir sind.
Es gibt keinen anderen Ort als hier.

DRUKPA RINPOCHE

Überquerung des Löwen-Passes (Sengge-la) mit Blick auf Zanskar, Herbst 2001

Wirkliches Leben erfahren wir im Hier und Jetzt.
Die Vergangenheit ist schon vorüber, und die Zukunft ist noch nicht da.
Nur im gegenwärtigen Augenblick können wir das Leben wirklich berühren.

THICH NHAT HANH

Flüchtige Begegnung mit einem Bauern am Sengge-Pass, Herbst 2001

Der Mensch ist ein Teil des Ganzen, das wir »Universum« nennen, ein in Raum und Zeit begrenzter Teil.
Er erfährt sich selbst, seine Gedanken und Gefühle als getrennt von allem anderen
– eine Art optische Täuschung des Bewusstseins.
Diese Täuschung ist wie ein Gefängnis für uns, das uns auf unsere eigenen Vorlieben
und auf die Zuneigung zu wenigen uns Nahestehenden beschränkt.
Unser Ziel muss es sein, uns aus diesem Gefängnis zu befreien, indem wir den Horizont unseres Mitgefühls erweitern,
bis er alle lebenden Wesen und die gesamte Natur in all seiner Schönheit umfasst.

ALBERT EINSTEIN

Das Gehöft »Sharchoks« des Bauern Dorje Thundup am Dorfrand von Lingshed, Herbst 2001

Welches der Unterschied ist zwischen einem Gelehrten,
der die kleinsten und ungeahntesten Lebenserscheinungen im Mikroskop betrachtet,
und dem alten Landmann, der kaum lesen und schreiben kann,
wenn er im Frühjahr sinnend in seinem Garten steht und die Blüte betrachtet,
die am Zweige des Baumes aufbricht?
Beide stehen vor dem Rätsel des Lebens,
und einer kann es weitgehender beschreiben als der andere,
aber für beide ist es gleich unergründlich.
Alles Wissen ist zuletzt Wissen vom Leben
und alles Erkennen Staunen über das Rätsel des Lebens.

Albert Schweitzer

Der Bauer Thundup Dorje in seinem Garten, Lingshed, Sommer 1998

Für den Buddhismus ist die Achtsamkeit der Schlüssel zu allem Weiteren. Die Achtsamkeit ist die Energie, die auf alle Dinge und Aktivitäten ihr Licht wirft; sie bringt die Kraft der Konzentration hervor, führt zu tiefer Einsicht und zum Erwachen. Die Achtsamkeit ist die Grundlage jeglicher buddhistischer Praxis.

THICH NHAT HANH

Traditionelle Begrüßung am Hauseingang durch die Bäuerin Tsering Yangchen, Lingshed, Sommer 1998

Die Geburt des Menschen ist die Geburt seiner Not.
Je länger er lebt, desto törichter wird er, denn immer drängender wird sein ängstliches Bemühen, dem unvermeidlichen Tod zu entweichen. Wie bitter das ist!
Er lebt im Streben nach dem, was immer außer Reichweite bleibt!
Sein Durst nach Überleben in der Zukunft macht ihn unfähig, in der Gegenwart zu leben.

CHUANG-TZU

Die 10-jährige Dolma mit ihrer kleinen Schwester Tashi Tsering, Lingshed, Sommer 1996

Unser ganzes Dasein ist flüchtig wie die Wolken im Herbst;
Geburt und Tod der Wesen erscheinen wie Bewegungen im Tanz.
Ein Leben gleicht dem Blitz am Himmel,
es rauscht vorbei wie ein Sturzbach den Berg hinab.

Shakyamuni Buddha

Die Bäuerin Tashi Choszan auf dem Weg zu ihrem Gerstenfeld, Lingshed, Herbst 2001

Solange Du stark und gesund bist,
denkst Du niemals an kommende Krankheit;
mit jäher Wucht aber trifft sie
wie ein Blitz Dich aus heiterem Himmel.
Beschäftigt mit weltlichen Dingen,
denkst Du nicht an das Nahen des Todes;
geschwind aber kommt er wie Donner,
der um Dich wütet und tobt.

Milarepa

Der junge Bauer Thundup Namgyal vor seinem Haus »Bando«, Lingshed, Sommer 2001

Der Buddha sagt:
»Du bist, was Du warst; und Du wirst sein, was Du tust.«
Padmasambhava wird noch deutlicher:
»Wenn Du Dein vergangenes Leben kennen lernen willst,
schau Deine gegenwärtige Lage an;
wenn Du Dein zukünftiges Leben erkennen willst,
schau Deine gegenwärtigen Handlungen an.«

SOGYAL RINPOCHE

Der Großvater »Meme« Sonam Targes beim Drehen seines Gebetszylinders, Lingshed, Sommer 1994

Die Bäume, die Blumen, die Kräuter,
sie wachsen in der Stille.
Die Sterne, die Sonne, der Mond,
sie bewegen sich in der Stille.
Die Stille gibt uns eine neue Sicht der Dinge.

MUTTER TERESA

Die Bäuerin Angmo Tukche beim Spinnen der Wolle, Lingshed, Sommer 1996

Ich erkannte, dass es Dinge gibt, die zu lernen und zu erkennen jeder Mensch auf die Erde gesandt wird, zum Beispiel mehr Liebe mitzuteilen, liebevoller miteinander umzugehen. Zu entdecken, dass das Wichtigste menschliche Beziehungen und Liebe sind und nicht materielle Güter. Und zu erkennen, dass alles, was man in seinem Leben tut, gespeichert bleibt. Auch wenn man etwas unbewusst tut und es unerkannt vorbeigehen sollte, so kommt es irgendwie doch wieder zum Vorschein.

Nahtodforscher Kenneth Ring

»Meme« Tashi Rigdzin spielt mit seiner Enkelin, Lingshed, Sommer 1998

Der Dalai Lama spricht häufig von einem Mangel an Selbstachtung, der Unfähigkeit, sich selbst zu lieben, die er bei vielen Menschen der modernen Welt gesehen hat. Hinter all unseren Einstellungen steckt die neurotische Überzeugung von unserer Unzulänglichkeit.
Dieser Zustand lässt keine Hoffnung auf Erwachen zu, und er widerspricht auf tragische Weise der zentralen Wahrheit der Lehren des Buddha, dass wir alle im Innersten bereits vollkommen sind.

Sogyal Rinpoche

Der Bauer Tsering Andus im Klosterhof von Lingshed, Herbst 2001

Weil unser Geist von der Angst so oft in einen Zustand der Verwirrung geworfen wird, haben wir die Fähigkeit verloren, mit den wunderbaren Dingen des Lebens in Kontakt zu kommen. Es ist, als stünde eine Mauer zwischen uns und dem Reichtum der Welt dort draußen, und wir sind empfindungslos geworden für die heiligen Dinge in der Welt, weil wir sie nicht erreichen können.

Thich Nhat Hanh

Die Bäuerin Karma Lekshis mit Gerstenähren (dor), Lingshed, Sommer 1998

Die entfernte Ursache von Krankheit ist die grundlegende Unwissenheit der im Kreislauf der Existenzen wandernden Lebewesen. Sie verstehen die wahre Natur der Phänomene nicht und geraten deswegen in Begierde, Hass und geistige Verdunklung. Diese Geistesgifte lassen Muster im Geist entstehen, die Störungen in Wind, Galle und Schleim hervorrufen. Diese Störungen im Gleichgewicht der Körpersäfte manifestieren sich dann in Form unzähliger Krankheiten.
Die Mittel zur Wiederherstellung des Gleichgewichtes berücksichtigen und umfassen ganzheitliche Faktoren wie Jahreszeit, klimatische Bedingungen, Persönlichkeit, Alter, Ernährung, Verhalten und Umgebung des Patienten.

Yeshi Donden, Leibarzt des 14. Dalai Lama

Der Amchi (tibetischer Arzt) Sonam Dorje beim Zubereiten traditioneller Medizin, Lingshed, Herbst 2001

Warum leben wir in solch panischer Angst vor dem Tod?

Vielleicht ist die tiefste Ursache unserer Angst die Tatsache, dass wir nicht wissen, wer wir eigentlich wirklich sind. Wir glauben an eine persönliche, einzigartige und unabhängige Identität. Wagen wir es aber, diese Identität näher zu untersuchen, dann finden wir heraus, dass sie völlig abhängig ist von einer endlosen Reihe von Dingen: von unserem Namen, unserer »Biographie«, von Partner, Familie, Heim, Beruf, Freunden, Kreditkarten … Auf diesen brüchigen und vergänglichen Stützen beruht unsere Sicherheit. Wenn uns all das genommen würde, wüssten wir dann noch, wer wir wirklich sind?

Sogyal Rinpoche

Der 76-jährige Sonam Targes mit Gebetszylinder und Mala, Lingshed, Winter 1998

Einer der Hauptgründe, warum wir so viel Angst haben,
uns dem Tod zu stellen, liegt darin,
dass wir die Wahrheit der Vergänglichkeit ignorieren.
Für uns ist Wandel gleichbedeutend mit Verlust und Leid.
Und wenn sich Veränderung einstellt, versuchen wir,
uns so gut wie möglich zu betäuben.
Stur und ohne nachzufragen halten wir an der Annahme fest,
dass Dauerhaftigkeit Sicherheit verleiht,
Vergänglichkeit hingegen nicht.

Sogyal Rinpoche

»Meme« Tsering Norphel († 2001) betrachtet den Lauf der Sonne, Lingshed, Sommer 1998

Wahre Liebe beinhaltet ein Gefühl der Verantwortung,
den anderen Menschen so anzunehmen, wie er oder sie ist,
mit allen Stärken und Schwächen.
Wenn wir nur die guten Seiten eines Menschen mögen, dann ist es nicht Liebe.
Wir müssen seine Schwächen akzeptieren und mit Energie, Geduld und
Verständnis dem oder der anderen helfen, sich zu verändern.

Thich Nhat Hanh

Blick ins Tal. Der Bauer Tsering Mothup und Familie im »glass room« seines Hauses, Lingshed, Herbst 2001

Wenn der Mensch geboren wird, ist er zart und schwach;
im Tod ist er hart und steif.
Wenn die Dinge und Pflanzen lebendig sind,
sind sie weich und geschmeidig;
wenn sie tot sind, sind sie spröde und trocken.
Darum sind Härte und Steifheit die Gefährten des Todes,
und Weichheit und Zartheit die Gefährten des Lebens.

LAOTSE

Die vier Monate alte Tochter des Bauern Thundup Namgyal. Die geschwärzte Stirn soll vor Dämonen schützen, Lingshed, Sommer 1996

»Wenn wir wirklich schon einmal gelebt haben«, werde ich oft gefragt, »warum erinnern wir uns nicht daran?« Warum sollte die Tatsache, dass wir uns an ein früheres Leben nicht erinnern, bedeuten, dass es ein solches Leben nicht gegeben hat? Schließlich sind die Erlebnisse unserer Kindheit, die Erfahrungen von gestern oder vor einer Stunde – obwohl sie so lebendig waren, als sie uns widerfuhren – aus unserer Erinnerung schon fast wieder verschwunden, als hätten sie niemals stattgefunden. Wenn wir uns nicht einmal mehr erinnern können, was wir letzten Montag gedacht oder getan haben, wie um alles in der Welt können wir annehmen, es sei leicht oder normal, uns an das zu erinnern, was wir in einem vergangenen Leben getan haben?

SOGYAL RINPOCHE

Die neun Monate alte Tsering, geborgen im Korb auf Mutters Rücken. Die Nadeln an ihrer Mütze schützen vor dem Zugriff von Dämonen. In die Kaurimuscheln kann sich die kleine Seele flüchten, wenn sie sich fürchtet.
Lingshed, Sommer 1998

Wer nicht sucht, der findet auch nicht.
Der Strom fließt nicht zu den Menschen, die ihn zwar kennen,
aber nicht zu ihm kommen wollen, sondern sie müssen zu ihm hinzutreten,
wenn sie sein Wasser zu schöpfen begehren.

HILDEGARD VON BINGEN

Die kleine Nonne Ani Stanzing vor den drei Chörten, Symbole für die Bodhisattvas Avalokiteshvara, Manjushri und Vajrapani, Lingshed, Sommer 2001

Über Vergänglichkeit zu kontemplieren reicht nicht aus.
Sie müssen in ihrem Leben damit arbeiten.
Machen wir einmal ein Experiment: Nehmen Sie eine Münze in die Hand,
und stellen Sie sich vor, sie sei etwas, woran Sie sehr hängen.
Halten Sie sie fest in Ihrer Faust, und dann strecken Sie den Arm aus,
die Handfläche nach unten.
Wenn Sie Ihren Griff jetzt lösen, verlieren Sie, was Sie umklammern.
Darum halten Sie fest.
Es gibt aber eine andere Möglichkeit: Sie können loslassen und dennoch behalten.
Drehen Sie die Hand um.
Wenn Sie die Faust jetzt öffnen, bleibt die Münze einfach auf Ihrer Handfläche
liegen: Sie lassen los und behalten trotzdem.
Es gibt also einen Weg, Vergänglichkeit zu genießen – nämlich ohne Greifen.

Sogyal Rinpoche

Geshe-la Ngawang Changchup und der alte Sonam Targes nach durchlachtem Nachmittag, Lingshed, Herbst 2001

Die Lehre des Buddha ist,
dass ich mein eigener Meister bin
und alles von mir selber abhängt.

Der 14. Dalai Lama

Die Nonnen Tashi Shoron, Stanzing Chosket und Puntsok Dolma mit dem Bild des 14. Dalai Lama, Lingshed-Nonnenkloster, Herbst 2001

Wir sollten lernen, die Erde als unser Zuhause zu betrachten.
Wenn wir erkennen, dass wir eins sind,
wird die Erde zu unserem Heimatland.
Wir müssen uns für jeden Teil der Erde verantwortlich fühlen.
Nur so können wir das Leiden lindern,
dem wir heute begegnen.

THICH NHAT HANH

Zwei Ehepaare auf dem Heimweg nach einem Tanzfest, Lingshed, Herbst 2001

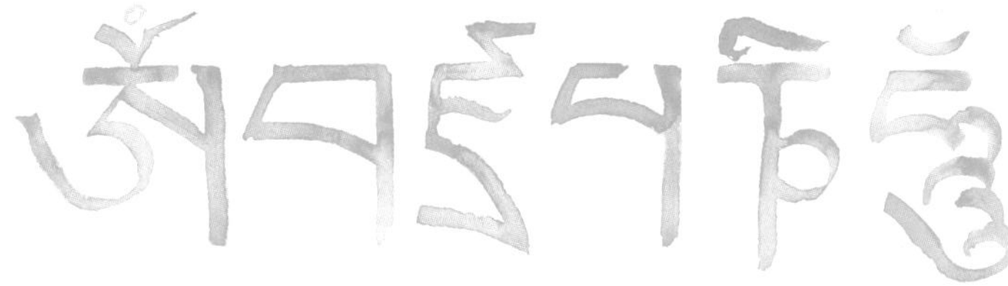

Lingshed – Kloster mit Tradition

Tief und durchdringend ertönen die Radongs, die »Alpenhörner des Himalaya«, mit denen Mönche des Klosters Lingshed zur Puja rufen. Von bizarren Felsformationen umgeben, liegt strahlend weiß die Klosteranlage hoch über dem Talkessel. Das Knarren von Klausentüren durchdringt die Stille. Mönche und Novizen verlassen ihre kleinen Klosterzellen und strömen hinauf in den Gebetsraum.
Leises Murmeln von Mantras erfüllt die Luft, es duftet nach Buttertee. Lichtstrahlen durchfluten den Raum.
Meine Gedanken verlieren sich.

»Skubum tashi odbar – Glücklicher Ort des Feuers« nennen die Mönche liebevoll ihr Kloster. Kein Geringerer als der große Übersetzer und westtibetische Mönch Lotsawa Rinchen Zangpo (958 – 1055) soll Lingshed nach seiner Rückkehr aus Kaschmir, wo er sich über Jahre dem Studium des Mahayana-Buddhismus widmete, gegründet haben. Die Legende sagt, dass die Entstehung von insgesamt 108 Klöstern in Spiti, Ladakh und Zanskar auf ihn zurückzuführen ist – 108, eine heilige Zahl im tibetischen Buddhismus. Nachdem Rinchen Zangpo im Tal von Padum Puktal als Kloster ausgerufen hatte, überquerte er den 4700 Meter hohen Hanumala-Pass und übernachtete unterhalb der Passhöhe. Dabei fiel sein Blick hinunter in das Tal von Lingshed, wo er an einer Felswand einen Stein brennen sah – das Zeichen, dort ein weiteres Kloster zu gründen. Nur wenig Zeit verging, bis die ersten Mönche ins Tal von Lingshed kamen. Seit 500 Jahren besteht das Kloster Lingshed in seiner jetzigen Form. In 45 Mönchsklausen wohnen Novizen zusammen mit älteren Mönchen, die sie nicht nur in buddhistischer Philosophie unterrichten – auch profane Alltagsarbeiten müssen erledigt werden.
Lingshed ist ein reformiertes Gelugpa-Kloster, das noch vor wenigen Jahren 70 Mönche und 30 Novizen beherbergt hatte. Heute sind es nur noch 36 Mönche und 15 Novizen.

Eingangschörten unterhalb des Klosters Lingshed, Sommer 1998

Lingshed-Gompa, auf 3900 Meter Höhe an der Grenze zwischen Ladakh und Zanskar gelegen, zieht jeden Besucher in seinen Bann. In Ruhe und Harmonie liegen die weiß getünchten Gebäude des Klosters unterhalb einer senkrechten Felswand und blicken gelassen ins Tal hinab auf die umliegenden Ansiedlungen. Wie ein grünes Meer wiegen sich Gerstenhalme während des kurzen Sommers im Wind, Blumen zieren Wassergräben um die Terrassenfelder, und Yaks weiden auf den satten Hochalmen. Im Winter fallen die Temperaturen nicht selten unter -30°C. Die Pässe sind verschneit und unpassierbar. Um Vorräte einzukaufen, wagen sich die Talbewohner in den kältesten sechs Wochen des Jahres hinunter in die 90 Kilometer lange Schlucht des Flusses Zanskar, denn auf der gefrorenen Eisdecke ist die Hauptstadt Leh in einer Woche zu Fuß erreichbar.
Die enge Verbundenheit der Dorfbewohner mit der Gemeinschaft der Mönche spiegelt sich in jeder Begegnung. Der Alltag im Kloster Lingshed bedeutet nicht nur, sich viermal zur Puja, bei der Gebete zum Wohl aller fühlenden Wesen gesprochen werden, zusammenzufinden. Immer schon waren die Mönche Lingsheds für ihre künstlerischen Fertigkeiten, wie Papierherstellung, Wandmalerei und das Streuen filigraner Sandmandalas, bekannt.

Das Kloster Lingshed mit den unterhalb liegenden Mönchsklausen, Herbst 2001

Mit dem Ausbau der Infrastruktur seit Beginn der 1970er-Jahre hat sich in der Himalayaregion einiges verändert. Angesichts des seit 1947 schwelenden Kaschmirkonfliktes sehen sich Ladakh und Zanskar als Pufferzone zwischen Pakistan und Indien mit zunehmender Militärpräsenz in den Grenzgebieten zu China und Pakistan konfrontiert. Nicht nur die Kriegsmaschinerie droht das weltliche und spirituelle Leben aus dem Gleichgewicht zu bringen: Seit 1974, der Öffnung Ladakhs für den internationalen Tourismus, strömt ein anderes Heer ins Land der hohen Pässe. Tourismus hat allerdings mehrere Seiten: Zahlungskräftige Besucher beeinflussen weit mehr als die wirtschaftliche Situation. Merklich und dauerhaft verändert sich das Sozialgefüge. Empfänglich für Modernität verlassen vor allem junge Menschen Dörfer und Klöster. Traditionen verblassen, Gefühle und Lebensansichten geraten ins Wanken. Die Identitätskrise, die das Selbstbild einer Gesellschaft untergräbt, deren Kultur doch gerade den Menschen westlicher Industrienationen Anregungen zum Umdenken geben könnte, ist nicht mehr zu übersehen. Die Neuformulierung des Wertesystems nach westlichem Vorbild verbaut letztendlich die Chance, von den Ladakhis Grundlegendes zu lernen.

Spirituelle Wahrheit ist nichts Kompliziertes oder Esoterisches, sie ist einfach tiefgründiger, gesunder Menschenverstand. Wenn wir die Natur des Geistes erkennen, fallen die Schichten der Verwirrung ab. Wir »werden« nicht zu einem Buddha, sondern hören einfach allmählich auf, verblendet zu sein. Ein Buddha zu sein bedeutet nicht etwa, sich in eine Art allmächtigen, spirituellen Superman zu verwandeln, sondern – endlich – ein wahrer Mensch zu sein.

SOGYAL RINPOCHE

Gedun Tashi, der Abt des Klosters Lingshed, mit Glocke und Vajra, die für Weisheit und Methode stehen. Kloster Lingshed, Sommer 2001

Selig ist, wer ohne Hass lebt,
obwohl Hass und Lieblosigkeit ringsumher walten.
Selig ist, wer ohne Verblendung ist,
obwohl die Welt verblendet dahinsiecht.
Selig ist, wer frei atmen kann,
weil er das nimmersatte Raffen aufgegeben hat,
obwohl die Welt voller Gier sich selber frisst.
Selig ist, wer die Armut gewählt hat,
denn ihn durchströmt beseligend-göttliche Heiterkeit.

SHAKYAMUNI BUDDHA

Mönche bei der Puja im Lhakang, dem Hauptgebetsraum des Klosters Lingshed, Sommer 2001

Ich verstehe den Sinn der Demut so.
Sie ist kein Verächtlichmachen seiner selbst.
Sie ist das eigentliche Prinzip des Handelns.
Wenn ich in der Absicht, mich freizusprechen,
mein Unglück mit dem Schicksal entschuldige,
unterwerfe ich mich dem Schicksal.
Wenn ich es durch den Verrat entschuldige,
unterwerfe ich mich dem Verrat.
Wenn ich aber den Fehler auf mich nehme,
beanspruche ich mein Vermögen als Mensch.
Ich kann auf das einwirken, zu dem ich gehöre.
Ich bin ein Bestandteil der menschlichen Gesellschaft.
Es ist also einer in mir, den ich bekämpfe,
um mich über mich selbst hinauswachsen zu lassen.

ANTOINE DE SAINT-EXUPÉRY

Der Mönch Dorje Tsering bei der Morgenpuja, Lingshed, Sommer 1998

Als Buddhist sehe ich im Tod einen normalen Prozess. Ich akzeptiere ihn als Realität, der ich so lange ausgesetzt bin, wie meine irdische Existenz dauert.
Da ich weiß, dass ich mich dem Tod nicht entziehen kann, sehe ich keinen Sinn darin, mich vor ihm zu fürchten. Ich betrachte den Tod eher wie einen Kleiderwechsel und nicht als endgültigen Schlusspunkt.
Doch der Tod ist nicht vorherzusehen: Wir wissen weder, wann noch wie er uns ereilen wird. Daher ist es klug, sich auf ihn vorzubereiten, bevor es soweit ist.

Der 14. Dalai Lama

Der Mönch Sonam Gyatso († 2001) liest in den Schriften, Lingshed, Winter 1998

O Herr, mache mich zum Werkzeug Deines Friedens,
dass ich Liebe übe, wo man sich hasst,
dass ich verzeihe, wo man sich beleidigt,
dass ich verbinde, wo Streit ist,
dass ich Hoffnung erwecke, wo Verzweiflung quält,
dass ich ein Licht anzünde, wo die Finsternis regiert,
dass ich Freude bringe, wo der Kummer wohnt.
Ach Herr, lass Du mich trachten, nicht, dass ich getröstet werde,
sondern dass ich tröste,
nicht, dass ich verstanden werde, sondern dass ich verstehe,
nicht, dass ich geliebt werde, sondern, dass ich liebe,
denn wer da hingibt, der empfängt,
wer sich selbst vergisst, der findet,
wer verzeiht, dem wird verziehen,
und wer da stirbt, der erwacht zum ewigen Leben.
Amen.

Gebet des heiligen Franziskus von Assisi

Ein Novize folgt dem Text der Puja, Lingshed, Sommer 1998

Für die Zukunft zu planen gleicht dem Fisch in einem trockenen Loch;
nie läuft etwas, wie Du es Dir wünschst. Gib also all Dein ehrgeiziges Planen auf.
Wenn Du unbedingt an etwas denken musst – dann denk an die Ungewissheit
Deiner Todesstunde.

Gyalse Rinpoche

Der 95-jährige Mönch Sonam Chospel dreht die große Gebetstrommel im Klosterhof von Lingshed, Sommer 1998

Jedesmal wenn uns die Verluste und die Täuschungen des Lebens Vergänglichkeit lehren, bringen sie uns der Wahrheit ein Stück näher. Auch wenn Sie aus großer Höhe fallen, gibt es nur einen möglichen Landeplatz: den Boden der Wahrheit. Und wenn Ihre Übung Ihnen ein gewisses Verständnis gebracht hat, dann ist das Fallen keine Katastrophe mehr, sondern es lässt Sie Ihre innere Zuflucht entdecken.

Sogyal Rinpoche

Die Mönche Tsewang Jorges und Tsewang Sandup blasen die Radongs, Lingshed, Sommer 1998

Meditieren zu lernen ist das größte Geschenk, das Sie sich in diesem Leben machen können. Denn nur durch Meditation kann Ihnen die Entdeckung Ihrer wahren Natur gelingen. Und nur in ihr werden Sie die Stabilität und das Vertrauen finden, die nötig sind, um gut zu leben und gut zu sterben.
Meditation ist der Weg, der zur Erleuchtung führt.

SOGYAL RINPOCHE

Der Mönch Tsering Mothup bei der Meditation auf seinem Klausendach, Lingshed, Sommer 1998

Verlass Dich auf die Botschaft des Lehrers
und nicht auf seine Persönlichkeit;
verlass Dich auf den Sinn seiner Worte
und nicht auf die Worte allein;
verlass Dich auf die letztendliche Bedeutung
und nicht auf ihre vorläufige;
verlass Dich auf Deinen Weisheitsgeist
und nicht auf Deinen gewöhnlichen, beurteilenden Geist.

Shakyamuni Buddha: Die vier Verlässlichkeiten

Der alte Mönch Tsering Mothup († 1999) mit seinem Schüler Karma Lotus im Gompahof von Lingshed, Winter 1995

Was immer an Freude ist in der Welt,
entspringt dem Wunsch für das Glück aller anderen;
und was immer an Leiden ist in der Welt,
entspringt dem Wunsch nach nur dem eigenen Glück.

SHANTIDEVA

Die Mala mit ihren 108 Perlen zählt die rezitierten Mantras, Lingshed, Sommer 1998

Versuche nicht, irgendetwas zu erzwingen,
lass das Leben ein tiefgreifendes Loslassen sein.
Erkenne, dass Gott jeden Tag Millionen von Blüten öffnet,
ohne die Knospen dazu zu zwingen.

BHAGWAN SHREE RAJNEESH (OSHO)

Ein Novize auf dem Rückweg ins Kloster Lingshed, Sommer 1998

Mehr als jede andere Tugend
betont der Buddhismus Uneigennützigkeit,
die in Liebe und heilender Hinwendung Ausdruck findet.

DER 14. DALAI LAMA

Der Mönch Iche Namgyal mit drei seiner Schüler, Lingshed, Herbst 2001

Greifen und Festhalten sind die Quelle all unserer Probleme.
Da Vergänglichkeit für uns gleichbedeutend ist mit Schmerz,
klammern wir uns verzweifelt an die Dinge, obwohl sie sich ständig ändern.
Wir haben Angst loszulassen, wir haben Angst, wirklich zu leben,
weil leben zu lernen bedeutet, loslassen zu lernen.
Es liegt eine Tragikomik in unserem krankhaften Festhalten:
Es ist nicht nur vergeblich, sondern es beschert uns genau den Schmerz,
den wir um jeden Preis vermeiden wollen.

Sogyal Rinpoche

Die Mönche Sonam Wangdus und Ngawang Gigmet beim Streuen eines Sandmandalas im Maitreya-Raum, Kloster Lingshed, Sommer 1998

Die Fähigkeit, im Frieden mit anderen Menschen
und mit der Welt zu leben,
hängt sehr weitgehend von der Fähigkeit ab,
im Frieden mit sich selbst zu leben.

THICH NHAT HANH

Der Novize Stenzing Lhundup und der Mönch Tsewang in der Klosterküche von Lingshed, Sommer 1998

Ein äußerst wirksamer Weg, Mitgefühl zu wecken, besteht darin,
die anderen als einem völlig gleich zu sehen.
»Schließlich«, so erklärt der Dalai Lama, »sind alle Menschen gleich –
sie bestehen aus menschlichem Fleisch, Knochen und Blut.
Wir alle wollen glücklich sein und nicht leiden.
Und wir haben auch alle das gleiche Recht, glücklich zu sein.
Mit anderen Worten: Es geht darum, unsere Gleichheit als Mensch zu erkennen.«

Sogyal Rinpoche

Der behinderte Mönch Tsering Wangdus († 1995), Lingshed, Sommer 1994

Wenn wir im täglichen Leben lächeln, friedfertig und glücklich sind,
hilft das nicht bloß uns, sondern allen. Wenn wir wirklich wissen, was Leben heißt,
können wir den Tag kaum besser als mit einem Lächeln beginnen, nicht wahr?
Unser Lächeln bestärkt uns in der Bewusstheit und im Entschluss,
in Frieden und Freude zu leben.
Die Quelle eines wahren Lächelns ist ein erwachter Geist.

THICH NHAT HANH

Hatte immer ein Lächeln für uns: der Mönch Jarnam Zurva mit Novize Stenzing Lhundup, Lingshed, Herbst 2001

Stell Dir einen weiten Ozean mit einem darauf treibenden goldenen Joch vor.
In der Tiefe des Ozeans schwimmt eine einzelne blinde Schildkröte,
die alle hundert Jahre einmal zum Luftholen an die Oberfläche kommt.
Wie selten würde es wohl geschehen, dass die Schildkröte mit dem Kopf durch das Joch an die Oberfläche kommt?
Der Buddha sagt, dass die Erlangung einer kostbaren Wiedergeburt als Mensch noch seltener ist.

DER 14. DALAI LAMA

Tiefe Lachfalten prägen das Gesicht des Mönchs Thundup Sonam († 1994), Lingshed, Sommer 1993

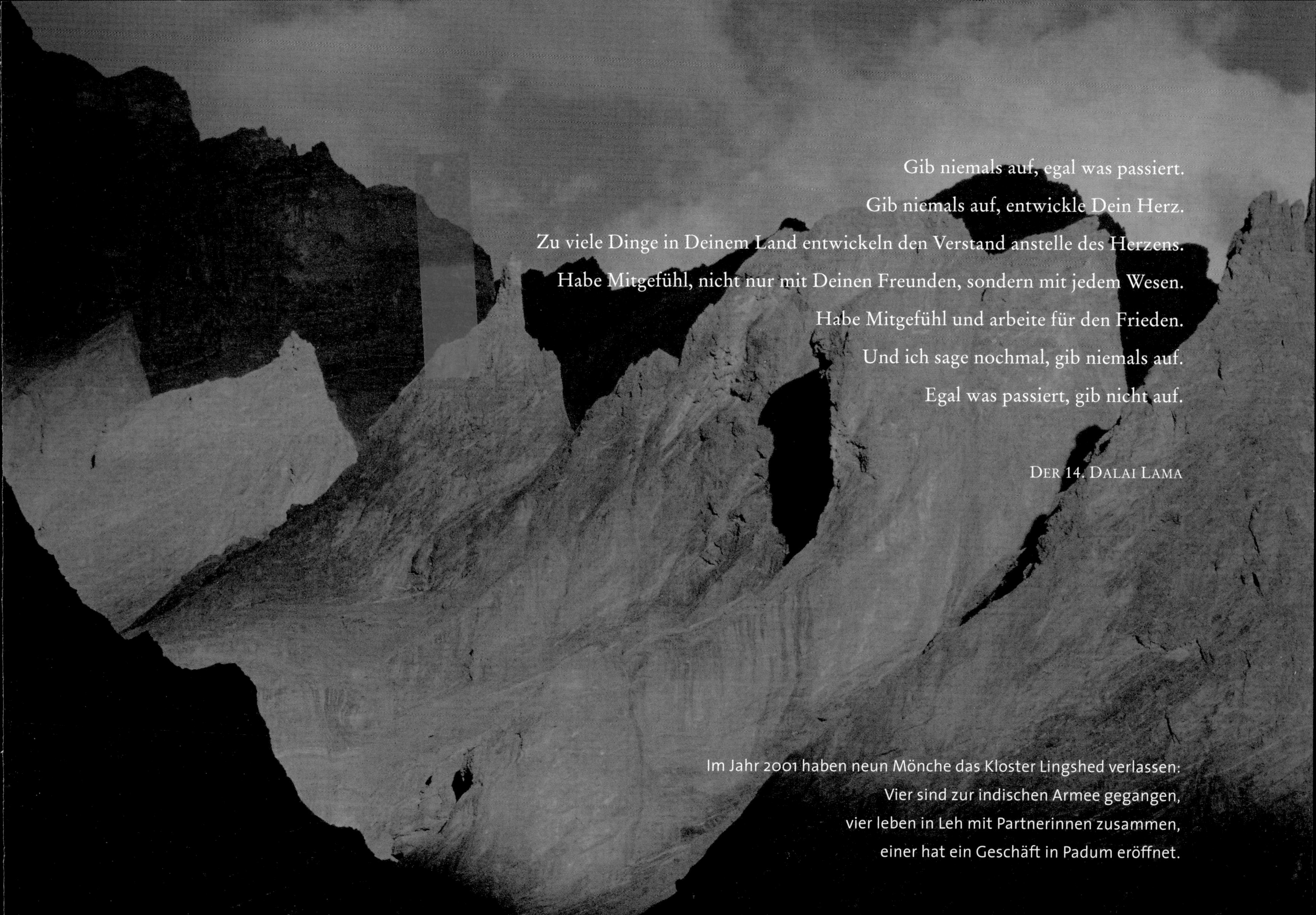

Gib niemals auf, egal was passiert.
Gib niemals auf, entwickle Dein Herz.
Zu viele Dinge in Deinem Land entwickeln den Verstand anstelle des Herzens.
Habe Mitgefühl, nicht nur mit Deinen Freunden, sondern mit jedem Wesen.
Habe Mitgefühl und arbeite für den Frieden.
Und ich sage nochmal, gib niemals auf.
Egal was passiert, gib nicht auf.

Der 14. Dalai Lama

Im Jahr 2001 haben neun Mönche das Kloster Lingshed verlassen:
Vier sind zur indischen Armee gegangen,
vier leben in Leh mit Partnerinnen zusammen,
einer hat ein Geschäft in Padum eröffnet.

Das Nonnenkloster-Projekt

Mit der Gründung der »Welfare and Social Society of Lingshed« durch Geshe Lama Ngawang Changchup im Jahr 1992 wurde auch die Idee eines eigenständigen Nonnenklosters in Lingshed geboren. Vier Jahre Planung und Realisierung folgten: Erwerb ungenutzten Landes von den Dorfbewohnern, Einkauf des Bauholzes im fernen Kaschmir, Transport mit Lastern nach Zangla in Zanskar, dort Einlagerung bis zum Winter. Erst in den eiskalten Februarmonaten konnten die Stämme von Bauern und Mönchen mühevoll auf der Eisdecke des gefrorenen Flusses Zanskar bis nach Lingshed hinaufgezogen werden, denn ein Transport im Sommer über die hohen Pässe Ladakhs ist unmöglich. Die Grundsteinlegung fand im Sommer 1996 statt. Bald wurden die ersten 21 Mädchen von ihren Eltern angemeldet. Die zwei 16-jährigen Nonnen Ngawang Angmo und Ani Choszom schickte Geshe-la ins Nonnenkloster Dolmaling nach Dharamsala. Nach einer zehnjährigen Ausbildung in tibetischer Philosophie sollen sie die Leitung des Nonnenklosters von Lingshed übertragen bekommen.

Im August 1998 wurden zehn Klausen im Erdgeschoss des Klosters eingeweiht. Weiteres Land zum Getreideanbau und zwei weibliche Yaks wurden von Geshe-la dazugekauft. Im Gegensatz zu dem Männerkloster, dessen Felder von den Dorfbewohnern mitversorgt werden, sind die Nonnen ganz auf sich gestellt. Lange arbeitsreiche Tage sind seitdem vergangen, bis im Jahr 2000 ein weiteres Stockwerk fertiggestellt wurde. Mit viel Fleiß wurden hunderte von Baumsetzlingen gepflanzt, dutzende Wassergräben gezogen und Feldterrassen in den Hängen angelegt. Sechs neue Felder kamen hinzu, die Bauarbeiten an der Gemeinschaftsküche begannen. Für das Jahr 2003 ist die Fertigstellung des Gebetsraumes geplant. Damit wäre Geshe Lama Ngawang Changchup seiner Vision einer spirituellen Gleichberechtigung ein ganzes Stück näher gekommen.

Spendenkonto: Freunde Lingshed,
Sparkasse Wetterau, BLZ 518 500 79, Konto-No. 114 004 2230

Die Nonnen Ani Puntsok Dolma und Ani Lobsang Yangzum, Lingshed, Sommer 1998

The

Die Sonnenschule

Vor vielen Jahren verschlug es den österreichischen Architekten Christian Hlade nach Lingshed. Fasziniert von der herrlichen Lage des Dorfes, reifte die Idee heran, eine Schule zu errichten, um den Kindern bessere Chancen für die Zukunft bieten zu können. Acht Jahre nach seinem ersten Besuch konnte die Dorfschule von Lingshed im August 2000 in Betrieb genommen werden. Finanziert wurde das beispielhafte Projekt mit Spendengeldern des inzwischen gegründeten österreichischen Vereins »Friends of Lingshed«.
Dem Bau ging eine jahrelange Partnerschaft mit den Dorfbewohnern von Lingshed voraus, die von wachsendem gegenseitigen Vertrauen getragen war.
Verwirklicht wurde ein schlichtes, aber geniales Konzept: Die solarbeheizte Schule in traditioneller tibetischer Bauweise mit fünf Klassen und zusätzlichen LehrerInnenwohnungen ermöglicht auch bei Wintertemperaturen von minus 30 Grad den Unterricht.
Gelungen ist nicht nur das beeindruckende Gebäude, sondern etwas mindestens ebenso Wichtiges: Die Identifikation der DorfbewohnerInnen mit dem Bauwerk.

Weitere Informationen:
www.solarschule.org, e-mail: info@solarschule.org

Friends of Lingshed, Baiernstr. 53, A-8020 Graz, Österreich
Spenden: »Die Steiermärkische«,
BLZ 20 815, Kto.-Nr. 02 216 014 502

Mantren

Om mani padme hum

Mantra des Avalokiteshvara, des Buddhas des Mitgefühls

Om tare tutare ture soha

Mantra der Tara, der weiblichen Verkörperung des Mitgefühls

Om ah hum vajra guru padme siddhi hum

Mantra des Padmasambhava (Guru Rinpoche), des »Zweiten Buddha«

Om vajra pani hum

Mantra des Vajrapani, des Buddhas der Aktivität

Om wagi shwari mum

Mantra des Manjushri, des Buddhas der Weisheit

Glossar

Achtfacher Pfad Der von Buddha gezeigte Weg, um das Leiden des Daseinskreislaufs in acht miteinander verschränkten Schritten zu überwinden: rechte Ansicht, rechte Absicht; rechte Rede, rechte Handlung, rechte Lebensführung, rechtes Streben; rechte Achtsamkeit, rechte Konzentration.

Amitabha Einer der fünf Meditationsbuddhas des Mahayana, die aus dem Ur-Buddha entstanden sind. Amitabha ist Spender des Lichts und des Lebens.

Ashoka Kaiser der Mauryadynastie im dritten vorchristlichen Jahrhundert, der sich dem Buddhismus zuwandte und Indien vereinte.

Avalokiteshvara Meditationsgottheit und Bodhisattva. Personifikation der Energie des aktiven Mitgefühls. Schutzpatron Tibets.

Bodhicitta Der zweifache Erlösungsgedanke des Mahayana: Erleuchtung zu erlangen durch Weisheit – zum Wohle aller Lebewesen aus Mitgefühl.

Bodhisattva Ein Mahayana oder Vajrayana Praktizierender mit der Motivation des Bodhicitta auf dem Weg zur Erleuchtung. Auch: Erscheinungsform eines voll erleuchteten Wesens, das anderen auf dem Weg hilft.

Bön Vorbuddhistischer Volksglauben in Tibet. Eine von animistischen und magischen Elementen geprägte Naturreligion.

Buddha Wörtlich: Der Erwachte. Erleuchtetes Wesen, das den leidvollen Daseinskreislauf überwunden hat. Siddhartha Gautama, der 560 v. Chr. in Lumbini/Nepal geboren wurde und in Bodhgaya/Indien unter dem Bodhibaum Erleuchtung erlangte, gilt unter dem Namen Buddha Shakyamuni, der historische Buddha unseres Zeitalters, als Stifter der buddhistischen Religion. Der Buddha, der Dharma (die Lehre des Buddha) und der Sangha (die

Dank & Impressum

Wir danken Geshe Lama Ngawang Changchup für seine Unterstützung und für sein Vertrauen in unsere Arbeit. Karma Namgyal sind wir dankbar für die Betreuung vor Ort. Besonderer Dank geht an Frau Irmtraut Wäger von der Deutschen Tibet Hilfe in München für ihre Fürsprache in Dharamsala, an Hannelore Wenderoth (Redaktion und Korrektur), Katharina Sommer (Buddhismus in Ladakh – Textberatung) und Annemarie Heitzmann (Kalligrafie). Wir danken Bernd Henrichs, Leica AG, und für die logistische Unterstützung Christine Alig und Gisela Völzke von Austrian Airlines sowie Manfred Hell, Jack Wolfskin.

Fotografie: Dieter Glogowski & Albrecht Haag
Text: Dieter Glogowski, Gestaltung: Albrecht Haag
Karte: Karto-Atelier, www.karto-atelier.com
Kalligrafie: Annemarie Heitzmann

Gedruckt auf chlorfrei gebleichtem Papier .
Die Deutsche Bibliothek - CIP-Einheitsaufnahme
Ein Titelsatz für diese Publikation ist bei
Der Deutschen Bibliothek erhältlich.
Weitere Informationen zu den Projekten, Vorträgen und Austellungen unter: **www.dieter-glogowski.de**

Albrecht Haag

Dieter Glogowski

Literatur- und Quellenverzeichnis:

Hildegard von Bingen, Scivias. Wisse die Wege, Freiburg 1990
Dalai Lama, Eine Politik der Güte, Düsseldorf 1992
Dalai Lama, Zeiten des Friedens, Freiburg 1994
Dalai Lama, Drukpa Rinpoche, Tibetische Weisheiten , München o.J.
Dhammapada, Die Weisheitslehren des Buddha, Freiburg o.J.
Albert Einstein, Aus meinen späten Jahren, Stuttgart 1959
Gautama Buddha, Worte lebendiger Stille, Freiburg 2000
Gautama Buddha, Die vier edlen Wahrheiten, München 1997
Anthony de Mello, Eine Minute Weisheit, Freiburg 2000
Rainer Maria Rilke, Worte, die verwandeln, Freiburg 1996
Antoine de Saint-Exupéry, Flug nach Arras – Ges. Schriften Bd.1, Düsseldorf 1959
Albert Schweitzer, Worte über das Leben, Freiburg 1990
Sogyal Rinpoche, Funken der Erleuchtung, München 2001
Sogyal Rinpoche, Das tibetische Buch vom Leben und vom Sterben, München 2001
Mutter Teresa, Wie ein Tropfen im Ozean, München 2001
Thich Nhat Hanh, Zeiten der Achtsamkeit, Freiburg 2001
Thich Nhat Hanh, Worte der Hinwendung, Freiburg o.J.

Gesamtverzeichnis gratis:
Bruckmann Verlag GmbH,
Postfach 80 02 40, 81602 München

Printed in Hungary by Realsystem.
ISBN 3-7654-3825-1

Gemeinschaft der Anhänger) sind die drei Zufluchtsobjekte (Drei Juwelen) praktizierender Buddhisten.
Chörten Tibetisch für Stupa. Buddhistischer Reliquienschrein.
Dalai Lama »Ozean der Weisheit«. Von den Mongolen 1578 verliehener Ehrentitel an das weltliche und geistliche Oberhaupt Tibets, dessen Reinkarnationslinie bis heute erhalten ist.
Dhammapada Ein alter buddhistischer Text, der die Kernaussage der Lehre Buddhas enthält.
Dorje Siehe Vajra.
Drukpa Rinpoche Großer tibetischer Meister der Neuzeit und enger Vertrauter des Dalai Lama. Flucht 1959 aus Tibet, Lehrmeister in Dharamsala, ab 1970 Lehrtätigkeit im Nagarkot-Kloster in Nepal bis zu seinemTod 1989.
Gelug Eine der vier Hauptschulen des tibetischen Buddhismus, begründet von dem Ordensreformer Tsongkhapa. Auch Schule der Gelbmützen genannt.
Geshe Ehrentitel, meist für einen Gelugpa, der nach Studium und Prüfungen lehren darf.
Geshe-la Geshe Lama Ngawang Changchup. Spiritueller Leiter des Klosters Lingshed in Ladakh.
Gompa Tibetisch für Kloster.
Hinayana Kleines Fahrzeug. Pfad der buddhistischen Tradition, auf dem die Erleuchtung des Einzelnen im Wesentlichen durch die Praxis der Gewaltlosigkeit, des Nichtschadens, angestrebt wird.
Kagyü Eine der vier Hauptschulen des tibetischen Buddhismus, begründet von Marpa, dem Lehrer Milarepas.
Lama Tibetischer spiritueller Lehrer.
Mahayana Großes Fahrzeug. Der buddhistische Weg, der sich um Erleuchtung zum Nutzen aller bemüht. Siehe Bodhisattva und Bodhicitta.
Maitreya Buddha eines zukünftigen Zeitalters.
Manjushri Meditationsgottheit und Bodhisattva der höchsten Weisheit, dargestellt mit dem Schwert der Weisheit und den Schriften.
Mantra Meditationsformeln, die meist viele Male wiederholt werden und den Geist vor negativen Gedanken schützen.
Marpa 1012-1098. Tibetischer Lama und Gründer der Kagyü-Schule. Schüler des Naropa und Meister Milarepas.
Milarepa 1040–1123. Tibetischer Yogi. Schüler des Marpa, der ihm außerordentliche Härten auferlegte, bevor er ihn in die Lehren einweihte.
Mittlerer Weg Die Lehre des Buddha versteht sich als Mittlerer Weg, da sie keine Extreme, sei es zu strenge Askese oder übertriebene Unmäßigkeit, für gut heißt. Das philosophische System des Mittleren Wegs vermeidet durch die Einheit von Weisheit und Methode die Extreme des Eternalismus und des Nihilismus.
Naropa 956–1040. Indischer Tantriker. Schüler des Tilopa, der ihn yogische Praktiken lehrte, die als die Sechs Lehren des Naropa überliefert sind.
Nirwana Befreiung aus den zyklischen Existenzen des leidvollen Daseinskreislaufs.
Nyingma Eine der vier Hauptschulen des tibetischen Buddhismus, die auf Padmasambhava und die ersten Übersetzungen der Lehre Buddhas aus dem Sanskrit zurückgeht. Auch Rotmützenschule genannt.
Om mani padme hum Wörtlich etwa: »Oh, Kleinod in der Lotosblüte«. Das Mantra des Avalokiteshvara gilt als eines der meistgesprochenen der Welt. Seine Bedeutung geht weit über die wörtliche Übersetzung hinaus und beinhaltet die Einheit von Weisheit, symbolisiert durch die Lotosblüte, und Methode, symbolisiert durch das Kleinod.
Padmasambhava »Der Lotosgeborene« Tantriker aus Indien, auch Guru Rinpoche genannt, ebnete durch seine Fähigkeit, Dämonen und Geister zu bändigen, den Boden für die buddhistische Philosophie in den Regionen des Himalaya.
Puja »Verehrung, Zeremonie, Ritual, Andacht«.
Rinpoche Der Kostbare. Anrede für einen reinkarnierten Lama.
Sakya Eine der vier Hauptschulen des tibetischen Buddhismus, benannt nach dem Sitz ihres Stammklosters in Tibet.
Shantideva Im Indien des 8. Jahrhunderts Bodhisattva und Vertreter der Philosophie des Mittleren Wegs. Hauptwerk: »Bodhicaryavatara – Der Eintritt in das Leben eines Bodhisattvas«.
Sogyal Rinpoche Im Westen lehrender Lama der Nyingma-Schule. Jamyang Khyentse Chökyi Lodrö, ein Meister aller Schulen des tibetischen Buddhismus, erkannte ihn als Reinkarnation von Lerab Lingpa Tertön Sogyal, dem Lehrer des 13. Dalai Lama. Seine Veröffentlichung »Das Tibetische Buch vom Leben und vom Sterben« macht den buddhistischen Weg westlichen Menschen leicht zugänglich.
Tantra Bezeichnung für das Schrifttum des Vajrayana und Tantrismus.
Tara Bedeutendste weibliche Meditationsgottheit und Bodhisattva, die der Legende nach aus einer Träne Avalokiteshvaras entstanden sein soll und ebenfalls höchstes Mitgefühl verkörpert.
Thich Nhat Hanh Zeitgenössischer Meditationsmeister aus Vietnam. Bedeutender Vertreter des Buddhismus im Westen.
Tilopa 988–1069. Ind. Tantriker, Lehrer des Naropa.
Tsongkhapa 1357–1419. Losang Dragpa. Begründer der Gelug-Schule.
Vajra Tibetisch: Dorje. Diamantzepter, Ritualgerät zur Versinnbildlichung der Methode des selbstlosen Wirkens zum Wohle aller Lebewesen.
Vajrayana Diamantfahrzeug. Tantrismus, der vor allem im tibetischen Kulturkreis praktiziert wird.